LA
RÉPUBLIQUE D'ANDORRE

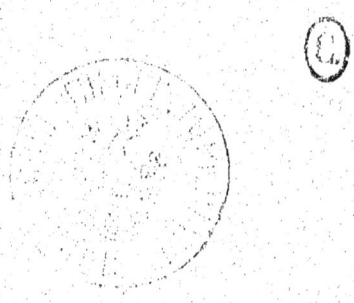

PARIS.—IMPRIMÉ CHEZ BONAVENTURE, DUCESSOIS ET Cie,
55, QUAI DES GRANDS-AUGUSTINS.

LA RÉPUBLIQUE
D'ANDORRE

SES MŒURS,

SES LOIS ET SES COUTUMES

PAR

M. LÉON JAYBERT

AVOCAT A LA COUR IMPÉRIALE DE PARIS,

Membre de la Société Philotechnique
etc., etc.

PARIS
H. DURANDIN, LIBRAIRE
GALERIE VIVIENNE, 46.

1865

LA
RÉPUBLIQUE D'ANDORRE

A l'extrême limite du département de l'Ariége, et au sortir du dernier village français Lhospitalet, qui a bien l'air d'une oasis, au milieu de cette nature inculte et sauvage et de ces rochers dénudés, vous trouvez une route aujourd'hui admirablement tracée entre le col de Puymaurin, au delà duquel va commencer l'Espagne, et les montagnes de l'Andorre, limite de la petite République de ce nom.

L'Andorre se compose de deux vallées : l'une partant des hauteurs de Lhospitalet s'étend à droite ; boisée, cultivée sur ses flancs du nord-est au sud-ouest sur une largeur de huit lieues de France, elle porte le nom d'Embalire, de la rivière qui la traverse; l'autre, commençant aux montagnes d'Auzat (Ariége), se prolonge du nord-ouest au sud-ouest jusqu'au milieu de la précédente où se trouve leur point de rencontre. Elle prend le nom d'Ordino, du torrent qui y coule; elle a 4 lieues de longueur, elle est relativement plus ouverte que la première. L'Andorre compte 7,000 habitants dans toute l'étendue de son territoire, divisé civilement et ecclésiastiquement en six paroisses ou villages qui ont bien peu acquis depuis leur fondation. Ces villages sont: Andorre (qui a donné son nom à la vallée) et qui

compte.	1200	habitants
Saint-Julia de Loria.	1000	—
Ordino (autrefois Ordinans).	880	—
En camp.	800	—
Canillo (autrefois Canillans).	900	—
La Messana.	800	—
	5,500	

Le surplus est réparti dans une vingtaine de hameaux et d'habitations isolées, formant environ 40 suffragances et diverses chapelles; on remarque celle du sanctuaire de Mérichel, dédiée à la Vierge, où viennent en pèlerinage le jour de la fête un grand nombre d'étrangers et d'Andorrans.

Cette population est peu ou point lettrée, sans rapports suivis avec les nations voisines, et son éducation est complétement agricole.

Là, pas de luxe de toilette, pas même la propreté la plus ordinaire; des bancs de bois pour siéges, des lits qui ne virent jamais des draps de toile et l'ignorance la plus absolue de l'utilité d'une serviette pendant le repas. De l'honnêteté dans son acception la plus large, mais pas de sympathies pour les étrangers qui voudraient se fixer dans le pays; partant ni industrie ni commerce; mais l'hospitalité andorrane, à l'égard de l'étranger de passage ou qui se réfugie en Andorre, est digne des temps antiques. Aucune question n'est adressée à leur hôte; il reste le temps qu'il veut, et aucune rémunération d'aucune sorte n'est acceptée; lorsqu'il quitte le pays, on ne lui a même pas demandé son nom.

Cette petite vallée, pressurée, tourmentée par ses voisins, alors qu'elle appartenait à l'Espagne, profita des victoires de Charlemagne dans la Catalogne pour obtenir de ce monarque son indépendance et son érection en République. Ce fut vers l'an 791 que les Andorrans prêtèrent un concours actif et dévoué à ce conquérant, qui défit les Maures dans la vallée de Carol, et c'est pour les récompenser qu'il déclara leur pays neutre, et cette neutralité a été tellement respectée de tous les temps, qu'en 1794, un détachement de soldats français ayant voulu traverser le pays, le Conseil général s'assembla, envoya une députation au général Chalret et qu'aussitôt celui-ci fit rétrograder ses troupes.

Il existe près du village de Saint-Julia une construction de forme antique située dans une position charmante appelée le Mont-Olivesa où Charlemagne s'arrêta pendant plusieurs jours, d'après la tradition. On fait également remarquer près du village d'Ordino une tour désignée sous le nom de Tour de la Mecque qui fut bâtie par les Maures.

Cette contrée a peu progressé depuis cette époque; car elle est encore régie par les mêmes coutumes, dont pas une n'est écrite, et l'ordre judiciaire n'y a subi aucun changement, malgré que son existence politique ait éprouvé de nombreuses modifications; car nous voyons d'abord Louis le Débonnaire, après la prise de Barcelone en 801, et celle de Tarragone en 811, céder à Sisebert, évêque d'Urgel, une partie de ses droits de suzeraineté sur ce pays, puis les successeurs de Sisebert les aliéner, à leur tour, au profit des comtes de Foix, et enfin nous les voyons faire retour à la couronne de France par l'héritage que recueille Henri IV. Toutefois, les évêques d'Urgel ont toujours réservé le suzeraineté spirituelle.

Aussi toute justice émane, en Andorre, de la France et de l'évêque d'Urgel.

Les souverains de la France d'un côté, l'évêque d'Urgel de l'autre, nomment chacun un viguier. Ces viguiers remplissent les plus hautes fonctions de la magistrature, ils sont aussi les chefs de la force armée, et la haute police rentre dans leurs attributions.

Dans l'ordre judiciaire, leur pouvoir est absolu; mais il ne touche en rien aux intérêts administratifs du pays, lesquels sont absolument confiés au Conseil général des Anciens, dont nous avons à parler à un autre point de vue.

Il y a pourtant cette différence importante entre les deux viguiers : c'est que le Gouvernement français choisit toujours un viguier français, tandis que l'évêque d'Urgel est tenu de prendre le sien parmi les sujets andorrans. On doit faire remarquer aussi que le viguier français est nommé à vie, et que le viguier désigné par l'Évêque cesse, de plein droit, ses fonctions après trois années de l'exercice de sa charge.

Ce titre et ce nom de viguier dénotent l'ancienneté de ses fonctions, que nous retrouvons sous le règne des comtes de Toulouse et de Foix appliqués aux mêmes magistrats. A cette époque, ils étaient indifféremment nommés : viguiers des princes, *vicarii*, lieutenants ou capitaines généraux.

Au-dessous des viguiers est le grand juge d'appel des causes civiles; ce juge, pris alternativement en France et en Espagne, doit avoir toujours le titre d'avocat. Viennent ensuite : le Conseil général souverain, pris parmi les anciens Andorrans et composé des délégués de chaque province. Ces délégués élisent eux-mêmes à vie un syndic procureur général ; ce fonctionnaire exerce le pouvoir exécutif, sous la condition d'en rendre compte au Conseil souverain qu'il préside ; les Bayles, et enfin le notaire-greffier, secrétaire et procureur de la vallée qui remplit toutes les fonctions diverses indiquées par ses titres.

Les viguiers d'Andorre ont un costume de cérémonie

qui a subi quelques variations; ainsi : à l'origine, ils portaient le manteau de velours noir et le chapeau castillan à plumes noires. Aujourd'hui, un frac en drap noir, à col droit, orné de broderies en soie noire représentant des branches d'olivier, avec boutons d'acier ciselés, le chapeau à plumes noires, avec ganse noire et l'épée au côté, ont simplifié ce que l'ancienne tenue avait de théâtral et d'étrange.

Dès que le Gouvernement français a nommé son viguier, il en donne avis officiel au syndic procureur général; le viguier élu fixe le jour auquel il se rendra dans la vallée pour y être installé dans ses fonctions. Alors le Conseil général est assemblé, par les soins du syndic, dans le palais du Gouvernement, et, après la célébration de la messe, qui précède tous leurs actes importants, messe à laquelle le viguier n'a pas le droit d'assister, puisque, n'étant pas encore reconnu, il est étranger au Gouvernement de la République, on l'envoie chercher par deux membres du Conseil général, dans le logement où il s'est arrêté. —

Le cérémonial veut qu'il traverse à cheval la vallée d'Andorre, escorté des nombreux amis qui l'ont accompagné. La fierté andorrane souffrirait si le viguier élu n'avait pas une suite nombreuse, démonstration pour eux du degré de considération dont il jouit dans sa patrie.

Quand le cortége est parvenu à la porte du palais, deux autres membres du Conseil général viennent se joindre à leurs collègues et introduisent le viguier et sa suite dans une grande salle où le Conseil général tout entier est assemblé. A côté du syndic est placé un siége destiné au viguier: il est surmonté d'une image du Christ.

Parvenus au centre de la salle, les commissaires invitent le viguier à adorer Dieu; ils se mettent à genoux aussitôt, ainsi que le viguier et tout son cortége; seuls les membres du Conseil souverain, choisis parmi les plus vénérables de la vallée, restent debout et découverts pendant cette adoration. Ce tableau saisissant serait bien fait pour impressionner ces esprits forts qui tentent, mais en vain, de jeter le doute sur des croyances qui ont fait le bonheur du monde.

Ce préalable solennel rempli, le viguier prend la parole et termine son discours en demandant d'être mis en possession réelle et corporelle de la charge et autorité de viguier, dont il représente le titre. Le syndic répond à ce discours, recueille l'avis du Conseil et consent à reconnaître et recevoir le viguier. Alors celui-ci, la main posée sur les saints Évangiles, promet et jure de rendre bonne et loyale justice et de ne jamais porter atteinte aux priviléges de la vallée. Le notaire-greffier, qui remplit les fonctions de secrétaire du Gouvernement, rédige le procès-verbal de toutes ces formalités, et transcrit, sur les registres publics, l'ordonnance de nomination du viguier. Aussitôt le syndic présente au viguier une liste de six candidats sur laquelle il doit choisir un Bayle. Le cortége se rend ensuite dans la chapelle du palais pour y rendre ses actions de grâces.

Après ce cérémonial, un grand dîner d'apparat est servi aux frais des Andorrans; à ce dîner, duquel les femmes sont rigoureusement exclues, sont admis, outre le viguier nouvellement installé, les amis qui lui ont servi d'escorte, le viguier de l'évêque d'Urgel, les membres du Conseil général et le notaire-greffier secrétaire du Gouvernement.

A l'issue de ce repas, qui a lieu dans la grande salle des cérémonies, le viguier français offre à l'Assemblée, comme le veut un usage immémorial, un dessert appelé *collation* et qui se compose de fruits confits, dragées, pralines, gâteaux et liqueurs. Les Andorrans sont très-sensibles à ces politesses gracieuses, dont ils savent user largement, car ces sucreries sont peu en usage dans leur vie habituelle, sobre de toute raffinerie de goût.

Nous pensons qu'il convient de faire ressortir ici combien est honorable et digne la réception faite au viguier français arrivant pour son installation : la République n'affecte à son égard aucune prétention et ne le soumet à aucune formalité pénible ; il n'est rien fait de pareil pour le viguier d'Espagne qu'on installe sans cérémonie ; il faut même remarquer que lorsqu'un nouveau titulaire est nommé à l'évêché d'Urgel et qu'il vient faire sa première visite dans la vallée, les Andorrans se rendent en masse à la frontière, et Sa Grandeur n'est admise à fouler le territoire qu'après en avoir baisé le sol et juré fidélité absolue à la Constitution.

La République a des défiances contre le Gouvernement espagnol, qui a tenté quelquefois de se l'incorporer et qui, assure-t-on encore aujourd'hui, n'a pas renoncé à ce dessein.

Comme nous l'avons dit, chaque viguier entrant en fonctions désignait un bayle ou juge de paix : ce choix était le premier acte de leur autorité.

Aujourd'hui, les viguiers forment la liste des candidats, et c'est le syndic général qui désigne et institue les bayles.

La charge du viguier est purement honorifique ; il n'en fut pas ainsi de tous les temps, car l'accord de 1728 porte que : « L'évêque d'Urgel aura le quart, et le comte de Foix les trois quarts des émoluments de la justice qui serait rendue par les deux viguiers ; » ce qui semble impliquer que cette redevance tout entière, ou au moins une notable partie, représentait autrefois le traitement du viguier en exercice.

DE LA JUSTICE CORRECTIONNELLE.

Nous avons dit que le viguier nommé par l'évêque d'Urgel doit toujours être choisi parmi les sujets andorrans, et la raison de ce choix ressortira des explications qui vont suivre.

Si un habitant de la vallée se rend coupable d'un fait répréhensible entraînant une pénalité quelconque, il est arrêté sur l'ordre donné par le viguier andorran, enfermé dans les prisons de la ville d'Andorre et confié à une garde d'habitants requis à cet effet par le viguier.

Faisons remarquer ici que tout Andorran est soldat, et, comme tel, obligé d'avoir un fusil du calibre en bon état et les munitions nécessaires, et qu'il doit les représenter à chaque inspection que le syndic croit devoir ordonner. Les citoyens Deners et Capitaux sont les chefs de l'armée; mais ils sont commandés eux-mêmes par le viguier, qui *seul* porte l'épée.

Le prévenu est immédiatement interrogé par le viguier en personne, et celui-ci peut faire entendre tous les témoins qu'il juge utile pour éclairer sa conscience. Ce préliminaire rempli, il donne avis à son collègue de France, en lui transmettant son appréciation sur la gravité présumée du délit ou du crime. Si la peine encourue est une peine correctionnelle, le viguier français peut se dispenser de se rendre dans la vallée, l'usage ayant fait considérer comme légal, en pareil cas, le jugement rendu par un seul de ces hauts magistrats.

Ce qui a amené ce relâchement fâcheux dans la manière de rendre la justice, c'est que la difficulté des routes, en hiver surtout, pourrait rendre le voyage du viguier français impossible et prolonger ainsi indéfiniment la détention préventive de laquelle les Andorrans sont ennemis, amoureux qu'ils sont au plus haut point de la liberté individuelle. Toutefois, le viguier andorran doit faire connaître à son collègue de France toutes les phases de la procédure et tous les éléments qu'elle a produits pour ou contre l'accusé. Les viguiers ne suivent, pour former leur conviction, d'autres règles que celles qui leur sont tracées par la conscience; ils jugent en jurés, et lorsque, pour eux, la cause est suffisamment instruite, ils prononcent leur jugement et condamnent le coupable à la prison, dont ils doivent fixer la durée, et à une amende proportionnée à la gravité du délit.

Si le condamné veut devenir libre à l'expiration de sa peine, il doit fournir, au moment de sa condamnation, une caution pour garantir le payement de l'amende à laquelle il a été condamné. S'il ne trouvait pas de caution, ce qui est un cas extrêmement rare, il serait, à l'expiration de sa peine, maintenu en prison pour tout le temps que les viguiers jugent à propos de fixer. Les Andorrans qui ont subi une peine correctionnelle sont appelés *cautionnés*. Cette situation, qui les place sous la surveillance du viguier, les oblige à se représenter devant lui à toutes ses réquisitions. Mais cette surveillance et cette qualification cessent pour eux et ils rentrent dans la plénitude de leurs droits civils et politiques, sans qu'il reste aucune trace de leur flétrissure, à la tenue de la haute Cour de justice, dont nous parlerons ultérieurement.

DE LA JUSTICE CRIMINELLE

Dès qu'un crime est commis dans la vallée, l'autorité, qui en a la première connaissance, avertit le viguier présent et use de tous les moyens en son pouvoir pour amener l'arrestation de l'accusé. Le viguier prend de son côté toutes les mesures convenables pour arriver au même but; il peut, au besoin, requérir et mettre le pays tout entier en armes.

Sitôt que l'accusé est arrêté, le viguier, assisté du notaire secrétaire de la vallée, procède aux interrogatoires et avise sur-le-champ le viguier français, qui doit se rendre sans délai à son invitation; au cas d'empêchement momentané, la procédure est retardée. Si, au contraire, il peut se rendre, il prend connaissance de la procédure et continue l'instruction, d'accord avec son collègue. Lorsque leur conviction est formée et que leur avis est d'infliger une peine infamante ou la mort, ils fixent au syndic le jour où la haute Cour devra se réunir et se constituer, nul jugement au grand criminel ne pouvant être rendu sans son assistance.

Au jour fixé, le Conseil général se réunit au palais de la vallée, dans la salle des séances solennelles; les viguiers, revêtus de leur costume de cérémonie, sont introduits par quatre membres du Conseil, ainsi que le juge d'appel mandé pour ces rares et graves circonstances. Une messe au Saint-Esprit est célébrée dans la chapelle du palais. A l'issue du divin sacrifice, le Conseil général désigne deux de ses membres pour être présents aux opérations de la Cour, afin de veiller à l'exécution exacte des formes et usages du pays. Cela fait, le Conseil se sépare et la Cour se trouve constituée par la présence des deux viguiers, du juge d'appel des causes civiles, du notaire greffier et secrétaire de la vallée et des deux membres du Conseil général désignés à cet effet.

Le juge d'appel qui, en cas d'absence est remplacé par un avocat du pays ou un avocat étranger siége en qualité d'assesseur.

Un huissier est sans cesse présent à l'audience pour exécuter les ordres de cette Cour souveraine, présidée par le viguier de France. Elle a le pouvoir de faire comparaître à sa barre toute personne qui pourrait fournir des renseignements sur le crime. Les témoins sont entendus après avoir préalablement prêté serment devant l'image du Christ de dire la vérité. L'accusé a, de son côté, le droit de faire entendre tous les témoins qu'il croit utiles à sa défense; il peut se faire assister d'un notaire ou de toute autre personne pour présenter sa défense; cette personne est vulgairement désignée dans la langue du pays sous le nom de *Bahonador*, ou parleur.

La dépense qu'entraîne la session de la haute Cour, appelée la tenue des causes, est supportée par les *Cautionnés* dont nous avons parlé au chapitre de la juridiction correctionnelle. Le cours de la justice ordinaire est suspendu pendant sa durée. Les Bayles et les consuls ou maires ne peuvent quitter leur domicile, parce qu'ils doivent toujours être prêts à faire exécuter les ordres de la Cour.

Quand les débats sont clos, les viguiers seuls ont voix délibérative; le juge d'appel émet son avis à titre de renseignement. Si les deux viguiers ne sont pas d'accord sur la sentence à prononcer, ils engagent l'assesseur à délibérer avec eux et alors ce dernier a, comme les viguiers, voix délibérative. Aucune règle ne leur est imposée, pour former leur conviction; ils ne consultent que la voix de leur conscience. Ils ne peuvent d'ailleurs être guidés par rien dans l'application de la peine, car aucune loi pénale écrite n'existe dans la République d'Andorre.

Quand le jugement est arrêté, c'est l'assesseur qui le rédige, soit qu'il y ait directement concouru, soit que les viguiers seuls l'aient décidé. La Cour alors donne avis au syndic qu'elle a terminé ses opérations; celui-ci réunit à nouveau le Conseil général de la vallée et donne lecture des dispositions de la sentence, sur la place publique de la ville d'Andorre, en présence des membres de la haute cour. Si la peine capitale a été prononcée, l'exécution a lieu sur cette même place, par un exécuteur mandé d'Espagne ou de France, selon qu'il s'en trouve un dans une des villes les plus rapprochées. Cette peine, terrible et bien rarement appliquée, s'opère par la guillotine ou par le garrot.

Le coupable condamné aux galères était autrefois envoyé au bagne de Gibraltar, de Mahon ou de Sardaigne. Aujourd'hui, c'est en Espagne qu'il est conduit; quoique d'ailleurs la sentence puisse ordonner qu'il subira sa peine dans un des bagnes de France.

Les décisions de la haute Cour ne sont assujetties à aucun appel ni révision; elles sont exécutées dans les vingt-quatre heures qui suivent leur prononciation. Après cela, le Conseil général se réunit encore aux membres de la haute Cour et la tenue des causes est close avec la même pompe qui a présidé à son ouverture.

Les prisonniers du grand criminel sont nourris aux frais de la république, tandis que les détenus correctionnellement doivent s'alimenter eux-mêmes ; si, cependant ces derniers n'avaient aucun moyen d'existence, sur un certificat d'indigence qui leur serait délivré par le Consul ou maire, la République pourvoirait à leur nourriture seulement.

Les frais nécessités par les procédures criminelles ne tombent pas, comme nous l'avons déjà dit, à la charge de la vallée; pour y parer, les viguiers font comparaître devant eux tous les individus qui ont subi des condamnations correctionnelles depuis la dernière tenue des causes et qui sont connus sous la dénomination de *cautionnés;* on fait le calcul des sommes dues par eux et par approximation de celles que nécessitent les frais de la procédure à instruire, et puis chacun des cautionnés est taxé au marc le franc ; ils sont tenus de payer immédiatement leur quotité, et si quelqu'un s'y refusait, cas excessivement rare, il serait emprisonné sur l'ordre du viguier jusqu'à ce qu'il eût payé sa part, ou bien jusqu'au jour où il aurait été exproprié de ses biens. Ce payement effectué, les cautionnés sont libérés de la surveillance à laquelle ils étaient soumis, et rentrent dans tous leurs droits de citoyens. La tenue des causes, quoique fort coûteuse, amène donc ce résultat; de rendre aux cautionnés leur état civil et de les laver de la flétrissure. Si les frais de procédure payés, il demeure un reliquat, le viguier de l'évêque d'Urgel le reçoit et le garde à titre d'indemnité de son séjour forcé en Andorre ; s'il y a au contraire un déficit, MM. les viguiers doivent le combler eux-mêmes.

DES BAYLES.

Nous avons dit que le premier acte de chaque viguier entrant en fonctions est la nomination d'un bayle, et nous avons fait connaître la modification introduite par l'usage dans la forme de ce choix.

Ces magistrats, habituellement pris parmi les membres du Conseil souverain, parce que les citoyens qui le composent, tous pères de famille, sont les plus instruits et les plus honorés des habitants de la vallée, jugent seuls les causes ordinaires. Cette charge est purement honorifique; la juridiction du bayle s'étend aux causes civiles, aux différends de toute nature qui naissent entre particuliers, aux contestations pour dettes et même à la diffamation; en un mot, ils jugent tous les actes de la vie publique et privée des Andorrans, lorsque ces faits n'incombent pas à une juridiction spéciale; il y a ceci de remarquable dans leurs attributions, que les plaideurs peuvent indistinctement saisir le bayle nommé par le viguier français, ou celui choisi par le viguier espagnol.

Le bayle est assisté dans l'exercice de ses fonctions par le notaire greffier de la République. C'est celui-ci qui rédige les jugements et commet l'huissier pour faire toutes significations ou assignations, appeler les témoins, opérer les saisies, etc., etc. Sa charge est tout à fait analogue à celle de l'huissier en France; seulement la République d'Andorre, qui a conservé les traditions primitives, ne connaît pas le papier timbré, n'admet aucun frais de procédure et ne possède pas ces lois fiscales, qui rendaient si difficile en France l'accès de la justice aux plaideurs peu fortunés, avant l'heureuse création de l'Assistance judiciaire.

Le bayle a le droit de déférer le serment aux parties et aux témoins, et après les débats qui ont lieu sans plaidoiries, il juge d'après sa conscience sans être astreint à aucune formalité particulière. Si la question en litige présente quelque grave difficulté, s'il s'agit par exemple d'une contestation sur un droit de propriété, alors il est d'usage que le bayle prenne l'avis d'un avocat expert dans les coutumes de la République ; il arrive même quelquefois qu'il soumet le différend à l'appréciation de quatre ou cinq vieillards, connus par leur probité et leur respect de la justice ; on appelle ce genre de procédure prendre l'avis des anciens.

Les fonctions de bayle durent trois ans. Le protocole de leurs jugements est ainsi conçu : « Nous, bayle de l'Empire français, juge premier dans les causes civiles, etc., etc. » Ce magistrat compose donc à lui seul la première juridiction, dans les causes que l'usage ne soumet pas à une juridiction spéciale. C'est l'image exacte de ce qu'en France nous appelons : premier ressort.

L'appel de leurs décisions est porté devant un magistrat appelé grand juge d'appel et souverain ; il est seul pour tout le pays d'Andorre. La France et l'évêque d'Urgel le nomment alternativement. Nous avons dit que ce magistrat doit avoir pris ses grades d'avocat, et que ses fonctions sont à vie; il ne reçoit aucun traitement fixe, mais sa charge n'est pas sans lui donner d'assez beaux bénéfices, car il perçoit, selon la coutume du pays, quinze pour cent sur la valeur du litige. Cette quotité est prélevée avant que la partie qui a gagné son procès soit mise en possession de l'objet de la contestation.

Les formes de l'appel sont fort simples, il suffit d'un acte rédigé par le notaire greffier de la vallée ; mais ce qui rend les appels fort rares, c'est d'abord les quinze pour cent à payer au juge, et puis encore les frais de déplacement des plaideurs, car le juge n'habite pas l'Andorre ; il n'est pas obligé d'y venir pour rendre la justice, il faut donc aller le trouver à son domicile ; aussi s'en tient-on presque toujours à la décision du bayle, qui est sans frais.

Le titre de grand juge d'appel et souverain, que prend le juge d'Andorre, le place absolument, au point de vue de l'ordre des juridictions, dans la situation de nos Cours souveraines ; il représente le deuxième degré, et, tandis que, en France, les décisions des Cours souveraines ou d'appel ne peuvent être déférées qu'à la Cour de Cassation, celles rendues par le juge d'appel, s'il est Français, sont soumises à l'Empereur directement ; s'il est Espagnol, à l'évêque d'Urgel. Lorsque ce cas s'est présenté en France, et il s'y est produit fort rarement, le chef du pouvoir exécutif a renvoyé, l'appréciation de l'affaire à la Cour d'appel de Toulouse; c'est ce qui a eu lieu en 1821, à propos d'un droit de pacage sur la montagne de Puymaurin.

Le juge d'appel, comme le bayle, comme le viguier et comme la Cour souveraine, n'est soumis à aucune forme particulière pour base de ses décisions ; il consulte uniquement sa conscience, en se conformant toutefois à certaines coutumes en usage dans la vallée. La considération dont il jouit en Andorre, lorsqu'il y va, est fort grande; il est traité presque à l'égal du viguier. Cette considération s'explique du reste ; car nous avons vu que, pendant la tenue des causes, c'est lui qui est l'âme de la Cour; sa connaissance des lois, son habitude des affaires, son titre d'avocat font qu'en définitive, on peut dire que les décisions émanent véritablement de son initiative.

Nous avons parlé du notaire-greffier, secrétaire de la république, qui prend aussi le titre de procureur de la vallée ; il est choisi pour remplir ces fonctions multiples par l'évêque d'Urgel, quoique son choix doive alternativement émaner de la France et de l'évêque d'Urgel. Celui qui remplit aujourd'hui ces fonctions est le citoyen Mitchavilla; il est d'un caractère fort gai, de grande stature, ses bras petits et courts le rendent quelque peu difforme ; c'est une nature intelligente et énergique, et on l'a vu traverser au mois de mars le port de Saldeu avec des habits de toile.

Deux notaires seulement fonctionnent dans l'étendue de cette république, et c'est l'un de ces officiers ministériels qui est désigné pour cette charge judiciaire ; elle n'est pas une sinécure, car, dans les jugements civils, il assiste le bayle, il fait toutes les écritures préparatoires, absolument comme nos avoués en France, et de là lui vient le titre de procureur de la Vallée; il est chargé de veiller au maintien des formes, il tient la plume dans toutes les réunions du Conseil souverain, rédige ses délibérations, dresse les procès-verbaux, il est le conservateur des traditions nationales; il n'est pas un acte du gouvernement auquel il ne participe d'une manière directe. C'est aussi lui qui, dans les requêtes que l'on adresse au bayle pour les affaires civiles, au Conseil général pour les affaires publiques et enfin au juge d'appel pour tous ce qui ressortit à sa juridiction, délivre aux intéressés les expéditions de tout papier public.

Tous les autres actes peuvent être retenus par l'un ou par l'autre des deux notaires de la vallée, selon la volonté des parties contractantes. Tous ces actes sont écrits sur papier mort, l'usage du papier timbré étant, comme nous l'avons dit, inconnu dans cette république.

Les Andorrans font souvent des transactions verbales ou sous-seings privés ; les premières ont lieu en présence de deux témoins et sont rédigées en acte public sur la demande de l'une des parties, il suffit pour cela que les deux témoins en déclarent les diverses conditions à l'un des notaires de la Vallée. Les secondes sont également converties en actes publics, lorsque l'une des parties va remettre son double à l'un de ces fonctionnaires.

L'emploi du notaire-greffier est le seul rétribué en Andorre ; il est fort lucratif, toutes ses écritures lui sont payées d'après un tarif fixe, mais convenablement élevé. Il a toute la confiance des Andorrans, car ils ont mis sous sa garde la conservation de leurs archives, et il faut dire à la louange de cette petite population que ses droits et sa constitution sont pour eux plus que leur existence même ; on comprend dès lors que les deux gouvernements protecteurs aient consenti à ce que le choix du notaire-greffier, secrétaire et procureur de la Vallée, tombât toujours sur un Andorran qui ne quitte jamais le territoire de la République, et voilà pourquoi le Gouvernement français n'use pas de son droit d'alternative et laisse le soin de cette importante désignation à l'évêque d'Urgel, mieux à même que tout autre de juger du mérite et des lumières des fonctionnaires qu'il a presque sous les yeux.

En nous résumant sur cet ensemble de législation, on peut dire que la juridiction du bayle, simple de forme et avare de procédure, ressemble assez à celle de nos juges de paix, sauf qu'elle a des attributions bien plus étendues et que ces magistrats jugent uniquement d'après leur conscience. Le grand juge d'appel et souverain applique au contraire à ses décisions quelques principes élémentaires du droit français ou espagnol, suivant sa nationalité. Les décisions des uns et des autres sont promptes, sauf en un seul cas qui mérite d'être signalé : c'est lorsqu'il s'agit de faire payer une dette contractée par un Andorran en faveur d'un étranger; alors toutes les lenteurs, toutes les oppositions que permettent leurs coutumes sont mises en usage avec une adresse, une persistance, une finesse qui feraient envie à nos plus habiles praticiens.

Si vous demandez à un Andorran le motif de cette sorte de déni de justice, il vous répondra que le gouvernement de la République veut, par ce moyen, dégoûter les étrangers de prêter aux nationaux et empêcher ainsi des relations qui nuiraient à la simplicité des mœurs de la Vallée et pourraient créer des besoins incompatibles avec le peu d'étendue et de richesse de la république. Cette raison nous a peu touché, car les rapports internationaux et les bonnes relations commerciales ne pourraient que rendre le pays plus florissant et plus civilisé. Nous sommes de ceux qui pensent qu'un gouvernement s'élève par sa bonne foi et sa droiture, et refuser à un étranger l'appui de ses lois, quand il réclame son dû, est un acte que la conscience repousse, et que dès lors aucune bonne raison ne peut justifier.

Disons encore que ce pays, affranchi de tout impôt autre que celui de 25 centimes par tête à la charge de tout Andorran, paye à la France une redevance annuelle de 960 francs en échange de certaines franchises sur les droits de douane, et 480 francs à l'évêque d'Urgel, à titre de dîme. L'origine de cette dîme mérite d'être signalée : elle fut attribuée pour la moitié à l'évêque, par la cession que lui en fit Louis le Débonnaire, et l'autre moitié au chapitre de l'église cathédrale que les Maures avaient détruite, et que ce prince fit reconstruire à ses frais.

La moitié de la dîme de la ville d'Andorre (seule exempte de la juridiction de l'évêque) fut attribuée, sous le nom de droit carlovingien qu'elle porte encore aujourd'hui, à Plandolit, un des principaux habitants, qui avait rendu de grands services à la France ; elle est perçue de nos jours au même titre par don Guillem, son descendant direct, l'un des plus riches propriétaires de la vallée.

La religion catholique est la seule qui y soit pratiquée. Pendant 8 mois de l'année, toutes les nominations ecclésiastiques appartiennent au Saint-Siége, qui y nomme sur la présentation de l'évêque d'Urgel; pendant les autres 4 mois, c'est l'évêque seul qui élit ; chaque curé reçoit un traitement fixe fort modique de l'évêque, ce traitement est augmenté du produit des fondations attachées à chaque cure; mais chaque paroisse paye ses vicaires au moyen d'un abonnement. Le vicaire est obligé de tenir une école primaire gratuite pour les garçons seulement ; leur éducation se borne à savoir lire et écrire une lettre dans l'idiome catalan. Cependant quelques jeunes gens destinés à la prêtrise ou à quelques emplois en Espagne (ce qui arrive rarement) suivent leur cours de latin à Urgel, trois ou quatre sont reçus gratuitement à l'école des frères de Toulouse, et cinq ou six sont instruits par privilége spécial du gouvernement français et logés gratuitement dans les colléges de Foix, Tarbes et Toulouse.

Les paroisses possèdent des communaux qui sont de riches dépaissances ; elles sont affermées par adjudication annuelle à des Français ou à des Espagnols ; le produit de ces fermages forme le revenu de la vallée, et ce revenu suffit aux besoins de son administration. Les registres des naissances, baptêmes, mariages et décès sont uniquement tenus par les ecclésiastiques ; aussi ne connaît-on pas de mariage civil ; le notaire seul intervient à cet acte pour constater les donations réciproques que se font les époux.

Comme la plupart des habitants du Val se marient entre eux, il faut le plus souvent obtenir des dispenses de la cour de Rome en raison de la parenté.

Quelques-uns se rendent à la ville éternelle, pour hâter l'accomplissement des formalités voulues, et dans ce cas, lorsque tout est régularisé, une dame romaine se présente à l'autel et reçoit la bénédiction pour la femme andorrane, qu'elle est chargée de représenter.

L'industrie de ce pays, si peu connu et pourtant si intéressant à étudier en raison de ses mœurs et de ses coutumes restées les mêmes depuis tant de siècles, consiste dans l'élevage des mules, dans celui de l'espèce ovine et bovine et dans la récolte et la fabrication du tabac, qui est son principal élément de richesse et de prospérité ; l'étendue totale de son territoire est de 500 kilomètres carrés. Les rivières de l'Embalire et de l'Ordino le traversent dans toute sa longueur ; ces deux rivières, qui prennent leur source assez loin l'une de l'autre sur la frontière française, vont se réunir un peu au-dessous de la petite ville d'Andorre.

Là, chaque famille reconnaît un chef héréditaire dans l'aîné, quel que soit son sexe ; les autres enfants n'ont qu'une part insignifiante dans l'héritage commun, et pas un ne se plaint ; ils obéissent et chérissent celui qu'ils regardent comme leur maître, leur patron, leur guide et ne quittent le domicile paternel que lorsqu'ils trouvent une héritière à épouser. Aussi faut-il dire, à la louange des chefs de famille andorrans, qu'ils sont pleins de bonté et de douceur pour leurs cadets et qu'il n'est pas rare de les voir faire d'importants sacrifices pour assurer leur établissement.

Cette stabilité des mœurs féodales explique comment les principales maisons de la vallée comptent plus de 800 ans d'antiquité, sans avoir subi ni diminution ni augmentation de fortune; du reste, ces fortunes, hormis une seule, celle de don Guilhem, qui serait considérable en tous pays, ne dépassent pas 100 à 150,000 fr., et le nombre en est fort restreint.

Leurs fêtes patriarcales sont remarquables d'ordre et de simplicité ; les jeunes gens louent des musiciens qui viennent d'abord à l'église, accompagnent les chants sacrés ; à leur sortie, les consuls les conduisent sur la place publique et donnent le signal des danses dont le caractère est grave et réservé ; elles ferment à l'heure des vêpres. Ces amusements sont toujours présidés par les anciens; aussi la vieillesse est-elle fort respectée, en Andorre; ils ont coutume de venir chaque année resserrer les liens de fraternité avec les habitants de Siguer, petit bourg voisin de Vicdenos, dans le département de l'Ariége, et là les principaux Andorrans et les conseillers municipaux du lieu font la partie *officielle* de quilles et boivent à l'union des deux grandes familles.

Ils sont très-adroits en affaires et les font toujours

précéder de quelques cadeaux, proportionnés à l'importance de l'opération à traiter.

Ils trafiquent beaucoup en France, et vont jusqu'en Bretagne et en Normandie, acheter des chevaux et des mulets qu'ils passent en contrebande en Espagne. On trouve à San-Julia quelques grands magasins de rouennerie et de mercerie, et tout récemment la société française Rocher et Cie vient de s'établir près de Canillo où elle se propose d'exploiter une mine de fer, ainsi que les goudrons et les résines; déjà quelques-uns de ses produits ont été introduits en France par le bureau de L'Hospitalet.

Le syndic général actuel, il señor di Riba Joaquin, est riche, paye de mine et a reçu une éducation assez bonne pour, au besoin, discuter les intérêts de la vallée, soit avec le viguier de France, soit avec l'évêque d'Urgel. Ses prédécesseurs Russelle et Duran étaient des hommes fort ordinaires.

Don Guilhem, malgré sa grande fortune, son ancienne noblesse, son instruction et ses manières distinguées, n'a jamais pu être élu syndic.

On lui a préféré des hommes moins éclairés, mais qui n'avaient pas comme lui voyagé à l'étranger une partie de leur vie.

Ce pays a toujours tenu à honneur de relever de la France; car, après la Révolution de 1789, qui avait rompu tout lien avec eux, les Andorrans attendirent le retour d'un pouvoir régulier et présentèrent, en 1801, une requête afin d'obtenir un viguier français ; cette pièce, conservée aux archives de la préfecture de l'Ariége, est signée par deux membres du conseil souverain : don Juan Poussy d'Ordino et don Picard d'Encamp.

Les armes de la République, que l'on retrouve encore aujourd'hui sur tous les actes publics qu'il est d'usage de sceller sont celles de la maison de Foix ; et se composent d'un écusson parti, surmonté d'une couronne de prince ; d'un côté se trouvent trois pals sur un champ d'or, dans l'autre partie deux vaches ; les pals sont les anciennes armes des comtes de Foix, auxquels ils accolèrent les vaches de Béarn, lorsque les rois de Navarre héritèrent des comtes de Foix. Le choix de ces armes est un hommage rendu par les Andorrans aux princes français, leurs suzerains.

La pièce la plus importante et la plus curieuse des archives de ce petit pays qui contiennent les constitutions de Charlemagne et de Louis le Débonnaire, et le sceau de Louis le Gros, est un manuscrit fort volumineux, écrit dans la langue du pays qui est un mélange de catalan et de patois de la province de Foix, et qui se compose de la narration des principaux faits arrivés sous chaque syndic, rédigés par ces magistrats sans suite ni méthode ; il ne peut jamais sortir du palais de la vallée et, pour le comprendre, il faut avoir des connaissances locales qu'un étranger ne peut que bien difficilement posséder. Il est enfermé dans un placard fermé par six serrures dont les six clefs sont gardées par les six consuls des paroisses ; c'est là ce qui représente la fameuse armoire de fer complaisamment créée par l'imagination des romanciers ; les manuscrits qu'elle contient sont écrits sur des lames de plomb, des feuilles de palmier ou du parchemin très-fort, les couvertures ont des fermoirs énormes et l'on ne trouverait pas aujourd'hui des relieurs capables d'exécuter un aussi solide travail.

Quant au palais de la vallée, il se compose d'un bâtiment carré-long, style roman primitif, à croisées carrées, avec quatre façades et petite tourelle sur la toiture, barrées de fer. Des salles sombres, petites et peu propres précèdent la salle du conseil où l'on trouve quelques bancs, des siéges et de longues tables de bois sculpté qui forment tout son mobilier.

On remarque cependant la petite chapelle dédiée à saint Armingol, qui est élégamment tenue.

Le rez-de-chaussée sert de prison.

L'inscription illisiblement gravée sur pierre, au fronton de l'édifice et dont on a conservé la copie, est ainsi conçue.

Virtus unita fortiori,
Une mitre ; *Religion , évêché d'Urgel.*
Comté de Foix ; deux vaches ;
Agriculture.

Suspice, sunt vallis nutrius stemmati ;
Suntque regna quibus gaudent nobiliora tegi ;
Singula, si populos alios, Andorra, bearunt,
Quidni juncta simul ferunt aurea sœcla tibi.

TRADUCTION LOCALE.

Regarde, ce sont-là les armoiries de la vallée neutre ;
Il y a des royaumes plus grands qui aiment à en faire parade ;
Si chacun de ces insignes a fait des peuples heureux,
Pourquoi ne te donneraient-ils pas, ô Andorre, un siècle d'or.

C'est Gaston Phœbus, comte de Foix qui fit construire cet édifice, vers l'an 1100.

L'habillement des Andorrans est fort simple et subit fort peu de changement; la laine de leur troupeau en fait tous les frais; il se compose, pour les hommes, d'une culotte courte, d'une veste plus courte encore à collet droit et laissant un vide dans les reins qui doit être comblé par la ceinture rouge ou verte; les bas forment sous-pieds, en couvrant seulement toute la jambe jusqu'aux talons et laissant les pieds nus ; le béret long et rouge, servant de blague et de portefeuille, orne leur tête; par coquetterie il est retourné en plis multiples sur le front. La chaussures sont habituellement les espardilles, quelquefois le soulier de cuir. L'Andorrane est plus modeste; avec de la propreté, elle représenterait assez bien : sa physionomie est régulière et sa taille élevée.

Cependant il est un costume de cérémonie, toujours le même, avec lequel les dignitaires remplissent leurs fonctions : il se compose d'un manteau de couleur brune, doublé en drap cramoisi, avec des manches dans lesquelles ils passent les bras ; le revers cramoisi doit être retourné en dehors. Ce costume est à la fois imposant et pittoresque et sait imposer un air respectable à celui qui en est revêtu. L'Andorre compte quatre familles nobles ; celle de don Calbo, don Juan Antonio, Joaquin de Riba et don Guilhem, qui est marquis et comte en Espagne. Ces familles possèdent chacune une église privilégiée.

Dans ce pays où les routes sont un sentier de 1 mètre 50 centimètres, avec tous les accidents de terrain au bord de torrents escarpés, on trouve à chaque endroit périlleux un pilier ; dans ce pilier une niche ornée de la madone préposée à la garde des voyageurs ; leurs ponts se composent de quelques poutres de sapin. « Il « faut, disent les Andorrans, que les routes *soient* « *bonnes, mais pas trop*, afin que leur pays soit moins « connu. »

Ils pensent que leur pics presque inaccessibles ne les gardent pas assez.

Quand les frimas les emprisonnent, il faut se les représenter groupés auprès d'un grand luminaire de bois gras (le pin), de la fumée partout, sur leur tête sur les murs qui en sont noircis, fumant le fort tabac qu'ils récoltent dans leurs jardins, maniant avec dextérité un énorme jeu de cartes espagnoles et buvant à longs traits, à la régalade et à tour de rôle, dans une espèce de bouteille en verre ayant la forme d'un antonnoir fermé à l'endroit le plus large, un vin qui sent le peau de bouc et la fumée. Très-souvent les femmes et les marmots, qui ont presque tous les yeux malades, dansent au milieu de cette atmosphère écœurante.

Les mœurs sont très-sévères dans cette république, et tout homme libre qui tromperait une fille serait tenu de l'épouser, quelle que fût sa position. Ce cas s'est, du reste, fort rarement présenté.

Il n'est pas sans intérêt de faire remarquer que les droits de suzeraineté de l'évêque d'Urgel sur la vallée d'Andorre, loin d'amoindrir l'importance de ceux qui appartiennent à la France, leur donnent une nouvelle force, car ils ne sont qu'un démembrement volontaire de la puissance française sur ce pays.

Expliquons-nous. Lorsque Louis le Débonnaire a cédé une partie de ses droits à l'évêque d'Urgel, celui-ci était sujet français, car le comté et l'évêché d'Urgel n'ont cessé d'appartenir à la France, qu'en vertu du traité de Corbeil intervenu le 11 mars 1258, entre Louis IX, roi de France, et Jacques, roi d'Aragon.

Le droit qu'exerce aujourd'hui l'évêque, sujet espagnol, ne lui appartient donc que parce qu'il a été sujet français, et non parce qu'il serait un droit acquis et inhérent en quelque sorte à la monarchie d'Espagne.

Et c'est ce qui explique le rang qu'occupe dans la vallée le viguier français, qui est, tout le démontre, la première autorité du pays, autorité toujours reconnue, toujours aimée et recherchée des Andorrans.

Nous n'examinerons pas l'intérêt politique, militaire et commercial qu'il peut y avoir pour la France à conserver l'indépendante neutralité de cette république.

Il nous semble que la frontière des Pyrénées, décidément abattue par le fait de réseaux de chemins de fer unissant la France et l'Espagne, enlève beaucoup d'importance stratégique à cette vallée qui, plongeant sur le versant espagnol, permettait à ses habitants de venir nous informer des mouvements militaires qui auraient pu être dirigés contre la France.

L'Andorre sera toujours une sentinelle avancée et fidèle qui veillera pour nous au besoin ; elle n'a jamais oublié que la France a toujours été la gardienne de ses coutumes et de ses droits dont elle est fière à si juste titre ; car elle a su les conserver intacts à travers plus de douze siècles.

Nous serions ingrats si, en publiant cette notice, nous

ne déclarions pas bien haut que les notes qui nous ont été communiquées par M. le chevalier de Roussillou, ancien viguier d'Andorre pour la France; aimable vieillard octogénaire, qui a conservé encore toute la verdeur et l'aménité charmante d'une autre époque, nous ont puissamment aidé dans notre travail.

Nous devons aussi des remerciements sincères, au même titre, à M. Lucien Saint-André, viguier actuel, membre du Conseil général de l'Ariége, et l'un des plus importants propriétaires et maîtres de forges de ce pays.

Les liens de l'ancienne amitié qui unissent nos deux familles ne sont nullement exclusifs de cet hommage public rendu aux indications précieuses qu'il a bien voulu nous fournir.

Si l'on nous demande maintenant pourquoi nous avons publié ce travail, nous répondrons avec franchise que la curiosité nous a d'abord conduit en Andorre, sans projet et sans but arrêté; mais que l'aspect de ce pays, le calme dont il jouit, l'accueil que nous y avons reçu, nous ont engagé à dire la vérité tout entière sur ce pays, que l'un des derniers souverains qui ont gouverné la France ne connaissait que de nom, lors de son avénement à la Couronne ; aussi écouta-t-il comme on écoute un conte de fées le rapide et incomplet tableau que lui en fit un député, arrivé aujourd'hui aux grandes fonctions de la magistrature française.

Et cependant, ce souverain était protecteur de la république et avait nommé un viguier, pour y exercer et maintenir ses droits et prérogatives!!!

FIN

www.ingramcontent.com/pod-product-compliance
Lightning Source LLC
Chambersburg PA
CBHW060913050426
42453CB00010B/1688